AF232017

DE LA

DISTRIBUTION DES SECOURS

PAR

LA GARDE NATIONALE

DES RÈGLES A SUIVRE POUR BIEN DISTRIBUER LES RESSOURCES

DE LA BIENFAISANCE

DU MOYEN DE MORALISER LA MENDICITÉ

LYON

IMPRIMERIE D'AIMÉ VINGTRINIER

Rue de la Belle-Cordière, 14

1871.

LA DISTRIBUTION DES SECOURS

PAR

LA GARDE NATIONALE

———

Au milieu de l'élan de généreux dévouement qu'ont partout suscité les dures épreuves que traverse notre malheureuse patrie, Lyon, s'est montré digne de son vieux renom de charité.

Il y a quelques jours le comité patriotique, organisé dès le début de la guerre, nous apprenait qu'il avait déjà pu distribuer plus de 500,000 f. en secours de diverse nature. En même temps les dames lyonnaises (dont nous avons tous vu et admiré l'inépuisable dévouement), faisaient connaître qu'elles avaient été à même de venir en aide à 2,780 familles. Enfin, de son côté, le comité des quêtes faites

par la garde nationale devant les postes, vient
de publier qu'il a reçu et dépensé plus de
130,000 fr.

Tout cela s'était fait en moins de cinq mois,
et cependant l'on n'avait point lassé la générosité publique, qui semblait au contraire grandir avec nos malheurs.

Aussi l'année 1870 n'était pas encore terminée, que déjà le comité de l'armée active
fonctionnait avec de puissantes ressources ; que
la société d'assistance mutuelle avait recueilli
plus de 200,000 fr. ; que les souscriptions,
à peine ouvertes, par l'archevêché et les dames, atteignaient chacune près de 100,000 fr. ;
qu'enfin sans interrompre les quêtes devant les
postes, et presque sans nuire aux œuvres anciennes, la garde nationale avait pu mener à
bonne fin une grande souscription faite à domicile.

Encore ne craignons-nous pas d'affirmer que
la plupart de ceux qui ont déjà si souvent et
si largement donné, s'occupent activement de
se procurer les moyens de donner davantage
et seront heureux de pouvoir le faire.

En de telles circonstances il nous a paru qu'il y avait lieu de rechercher les dispositions les plus propres à empêcher que le vice et la paresse ne vinssent détourner à leur profit aucune partie de ces resssources dont les malheureux ont un si grand besoin.

Il y a peu de temps, en effet, les journaux mentionnaient la condamnation d'une malheureuse qui était parvenue à trouver dans la mendicité les moyens de faire vivre son amant dans l'oisiveté et de se livrer avec lui à la plus honteuse ivrognerie.

Dieu merci, de semblables ignominies ne se produisent que rarement ; mais qui de nous n'a vu l'enfant jeter au coin de la borne le pain qu'il venait d'obtenir de la charité ?

Qui de nous n'a vu la mère refuser d'envoyer son fils ou sa fille à l'école parce qu'il était plus fructueux pour elle de laisser l'enfant mendier en vagabondant ?

Aussi il est universellement reconnu qu'il serait très-profitable de trouver les moyens d'empêcher que les ressources de l'assistance publique fussent mal distribuées et il est d'au-

Nécessité donner une b ne organisati la distribu des secours.

tant plus important de s'en occuper, en ce moment, que les sommes dont la bienfaisance peut disposer, sont plus considérables tout en restant cependant inférieures aux besoins.

L'urgence de cette étude est encore augmentée, à notre avis, par suite de la mesure qui confie à la garde nationale de Lyon la distribution des secours.

Cette puissante institution nous paraît, en effet, capable, si elle est bien utilisée, de faire faire un pas immense à la difficile question du paupérisme. Il importe donc au plus haut point de bien organiser ce service et de ne pas laisser échapper l'occasion d'atteindre à une solution, qui serait d'un si grand intérêt pour le progrès de l'humanité.

Conditions à remplir pour obtenir une bonne distribution des secours.

Examinons donc d'abord quelles sont les conditions à remplir pour que les secours soient bien distribués, nous verrons ensuite si la garde nationale est apte à satisfaire à ces conditions et quelles règles elle doit suivre, pour y parvenir.

Pour que les secours soient bien distribués :

1° Il faut que les secours arrivent partout

où il y a des misères réelles, et qu'ils ne puissent jamais servir d'encouragement au vice.

Or, le conseil de famille de la compagnie, nommé par tous les hommes d'une petite circonscription, ayant une certaine juridiction sur eux et se trouvant, dans le service, en rapport constant avec tous, est dans la meilleure position possible pour être bien renseigné sur la situation et la conduite des malheureux de son quartier.

2° Il faut que le secours arrive par l'entremise d'un ami dont les conseils désintéressés puissent remplacer, dans de certaines limites, ceux que donnent, à prix d'argent, les gens d'affaires.

On ne peut nier, d'ailleurs, que, pour un grand nombre, la misère ne soit la conséquence de certains défauts d'intelligence ou d'instruction, qui rendent les conseils encore plus précieux.

Nous pensons que c'est pour avoir négligé de susciter des rapports personnels entre l'assistant et l'assisté et pour avoir interposé entre eux des intermédiaires salariés que les Auglais ont échoué dans les efforts prodigieux qu'ils ont faits en vue de l'extinction du paupérisme.

Nous croyons, au contraire, que si, en France, nous avons relativement mieux réussi, avec des ressources infiniment plus restreintes, cela tient uniquement à ce que nous n'avons pas commis la faute de nous adresser au fonctionnarisme, mais que partout nous avons laissé l'initiative privée appliquer directement ce grand principe de fraternité que le Christ a mis en une si vive lumière et que la République a adopté pour devise.

C'est en effet ce principe de l'assistance par les particuliers eux-mêmes, qui sert de base à toutes nos sociétés de compagnonnage, de franc-maçonnerie, de secours mutuels, de St-Vincent de Paul et d'assistance juive ou protestante.

Il est donc indispensable, à notre avis, que le secours arrive toujours à l'assisté par l'entremise d'une personne qui désire l'aider de son temps, de son instruction, de son influence, et qui agisse, non pour gagner un salaire, mais pour mettre en action les règles de la fraternité.

Or il est très-facile à un conseil de famille de remplir cette condition, il lui suffira en effet de réunir un grand nombre de visiteurs ; car on a reconnu que celui qui ne secourt qu'un petit nombre de pauvres ne peut les voir pendant quelque temps sans être entraîné à prendre intérêt à tout ce qui les touche et à chercher, par amour-propre même, tous les moyens de les tirer de la situation dans laquelle ils se trouvent.

3° Il faut non-seulement que le visiteur soit honnête, mais encore que, n'ayant aucun motif de ne pas l'être, la malveillance même la plus acerbe ne puisse avoir de prise sur lui.

Ainsi il ne faut pas qu'il soit possible de dire ou de penser : Grâce à l'argent de la charité publique :

Ce patron espère de son ouvrier une réduction de salaire ;

Cet homme veut obtenir une concession immorale de cette jeune femme ;

Celui-ci parvient à se faire un petit revenu en économisant quelques bribes sur chacun des nombreux secours qu'il est chargé de distribuer ;

Celui-là cherche à se créer une influence personnelle par le grand nombre de ceux auxquels il est utile.

Or il suffit pour empêcher ces attaques : qu'un patron ne soit jamais chargé de visiter ceux de ses ouvriers qu'il laisserait avoir recours à la charité publique ; qu'un homme ne soit jamais appelé à visiter une jeune femme, (un comité de dames répartirait les secours aux femmes avec l'aide du conseil de famille et de concert avec lui) (1).

Enfin qu'on ne confie jamais que le plus petit nombre possible de pauvres à chaque visiteur.

Le visiteur, n'ayant, en effet, qu'une très-minime somme à donner, ce qu'il en pourrait soustraire serait trop peu pour que quelqu'un pût

(1) Les femmes sont essentiellement bonnes, elles ont fait preuve, dans les malheureuses circonstances que nous traversons, d'un zèle qu'on ne saurait trop louer ; le secours arrivant par leurs mains perd ce qu'il peut avoir de pénible pour l'amour-propre. Elles obtiennent souvent plus par la persuasion que les hommes par l'autorité de leurs avis. Ce serait donc manquer à la fois de reconnaissance et de raison que de négliger de tirer partie de leur inépuisable charité. Aussi nous avons vu, avec une grande satisfaction, les efforts déjà faits par quelques compagnies pour les associer à la distribution des secours.

penser qu'il est tenté de se l'approprier ; son influence sur les visités serait bien d'autant plus grande qu'il pourrait consacrer plus de temps à chacun d'eux. Mais, comme il y aurait des visiteurs de toutes les opinions honnêtes, l'influence exercée au profit de chaque opinion serait proportionnelle au nombre de membres qui la représenteraient et personne n'aurait le droit de se plaindre du résultat général.

4° Il faut que si le pauvre trouve en son visiteur des idées politiques ou religieuses trop contraires aux siennes il puisse, sans trop de difficultés, obtenir un autre visiteur, même choisi en dehors de la compagnie ; il ne faut pas, en effet, qu'on puisse dire : La charité publique est détournée de son but par un parti qui l'emploie abusivement à étendre son influence ; il ne faut pas surtout que l'indigent puisse penser que, grâce à certaines démonstrations hypocrites, il pourra se rendre son visiteur plus favorable et obtenir ainsi une plus large part de secours.

Or il sera aisé de trouver des visiteurs de toutes les opinions honnêtes.

On exigera, il est vrai, du pauvre la preuve qu'il s'efforce de gagner sa vie par son travail et qu'il ne dépense, ni mal, ni même inutilement son gain. Mais autant l'hypocrisie est démoralisatrice, autant l'habitude du travail et de l'économie tend à moraliser l'homme. Elle vient du reste directement en aide à la charité en diminuant les dépenses de l'assisté et en augmentant ses ressources.

5° Il faut que le visiteur soit appuyé par une force qui le soutienne contre les importunités de la paresse et du gaspillage et même contre la faiblesse de son propre cœur; qui donne de l'autorité à ses avis; qui enfin, contrôlant l'ensemble des besoins, soit à même d'apprécier leur importance relative et de répartir équitablement les ressources de la bienfaisance.

Or le conseil de famille, demi-paternel et demi-militaire, en relation constante avec les visiteurs, est dans d'excellentes conditions pour désigner des inspecteurs aptes à bien remplir cette mission.

6° Il faut qu'un assisté ne puisse jamais être secouru à la fois par plusieurs personnes, qui,

ne se connaissant pas entre elles, seraient exposées à lui donner le superflu, tandis que d'autres malheureux manqueraient du nécessaire.

Or, rien de plus simple que de tenir dans
chaque compagnie un registre indiquant exac-
tement par ordre de maisons et de numéros,
les noms des familles indigentes et ceux de
leurs visiteurs (1). Il y a à Lyon 200 compagnies
(non compris le génie et l'artillerie). Le nombre des familles secourues par chacune d'elles,
ne serait donc pas bien considérable. Chaque
assisté pourrait aussi recevoir un carnet, tenu
par ordre de dates, et qui permettrait de cons-

(1) Ce registre ne devrait pas contenir les noms des personnes qui n'auraient recours à la charité, que momentanément, et
par suite de circonstances exceptionnelles. Les personnes devront, en effet, être renvoyées aux délégués pour le quartier de
la société d'assistance mutuelle. Si elles s'adressent à des particuliers, comme cela arrive souvent, ceux-ci pourront désor-
mais, presque toujours avoir des renseignements auprès de ces
mêmes délégués. En tout cas, si l'on veut à la fois ne pas refuser un prêt, ne pas avoir l'ennui de le réclamer, ne pas se faire
un ennemi de son emprunteur et ne pas cependant faire aban-
don complet de la somme, on pourra toujours la donner à
l'œuvre de l'assistance mutuelle, qui est admirablement placée
pour en obtenir le remboursement. Souvent on rendrait service
à l'emprunteur en l'habituant à l'économie et en l'obligeant à
remplir un devoir ; toujours on fournirait à la société d'assistance la chance de pouvoir être utile à d'autres avec le produit
du remboursement.

tater qu'il n'a jamais reçu au delà du nécessaire (1).

Il nous semble donc qu'on doit conclure de ce que nous venons de dire, que les conseils de famille de la garde nationale peuvent facilement assurer la bonne répartition des ressources de la bienfaisance et que pour y réussir il faut et suffit :

1º Qu'ils organisent, chacun dans leur circonscription, un comité de dames chargé de distribuer des secours aux jeunes femmes et jeunes filles.

2º Qu'ils fassent appel à toutes les personnes du quartier en position de remplir les fonctions de visiteur, même à celles qui pourraient être dispensées du service de la garde nationale. (A notre avis, il serait bon que les visiteurs fussent engagés à verser une petite cotisation périodique (2). Par ce moyen on augmenterait les

---

(1) Le bureau de bienfaisance de Roanne, a dans ces derniers temps, adopté la mesure du carnet et se loue beaucoup des résultats obtenus. Le carnet offre d'ailleurs, au besoin, la justification des ressources confiées au visiteur.

(2) Cette cotisation est exigée dans les sociétés de secours mutuels de compagnonnage, de franc-maçonnerie et dans presque toutes les sociétés chrétiennes.

ressources de la bienfaisance ; on s'assurerait que les visiteurs ont le désir de bien remplir leur mission et surtout on les intéresserait à la bonne gestion des fonds de l'assistance publique) (1).

3° Il faut que les conseils de famille prennent soin de ne jamais donner pour visiteur :

A un ouvrier son patron,

A une femme un homme,

A un grand nombre de familles une seule et même personne (2).

(1) Les fonctions de visiteur ne seraient ni bien pénibles, ni bien assujettissantes;ainsi,une fois la situation et le passé de l'assisté bien connus, il suffirait de lui faire une visite par mois ; de le voir 3 ou 4 autres fois dans la même période; d'inscrire régulièrement la date et la nature de ce qu'il donne ; et enfin de s'entendre de loin en loin avec un membre du conseil de famille. En cas d'absence on prierait un voisin de recevoir l'assisté et de lui remettre le secours qui lui est attribué.

(2) On devrait éviter autant que possible qu'un fournisseur distribue des secours à ses clients,car il n'aurait pas assez d'autorité pour leur donner des avis et son intérêt particulier pourrait le pousser à favoriser celui qui resterait son client et à desservir, celui qui voudrait cesser de l'être. Pour des motifs analogues et pour que l'assistance publique ne devienne pas une question de camaraderie, il serait désirable que le pauvre ne fût presque jamais secouru par l'entremise d'un parent ou d'un ami. Le visiteur doit d'ailleurs apporter au visité un appui complètement indépendant de celui qui peut toujours être demandé à l'amitié ou à la parenté.

4° Il faut que les conseils de famille désignent des inspecteurs chargés d'aider les visiteurs, de donner de l'autorité à leurs observations et enfin de centraliser les renseignements nécessaires pour que les ressources puissent être réparties proportionnellement aux besoins (1).

Nous n'ignorons pas que cette organisation ne donnera pas dans le début tous les avantages qu'on est en droit d'attendre plus tard. Mais nous croyons que, dès à présent, les conseils de famille, réunis et dirigés d'ailleurs, par un comité central, forment un corps d'élite qui est dans les meilleures conditions pour bien distribuer les secours. Forcés de connaître tous les membres de leur compagnie et de les voir fréquemment, ces conseils peuvent facilement,

(1) Si quelques conseils de famille refusaient de se charger de la distribution des secours, le comité central de bienfaisance pourrait les prier de désigner ou de faire nommer, dans leurs circonscriptions respectives, quelques personnes qui consentiraient à remplir ces fonctions à leur place.

Peut-être serait-il avantageux que le comité central constituât une sorte de tribunal d'appel auquel les malheureux pourraient avoir recours quand, par un motif quelconque, ils croiraient que leurs intérêts ne sont pas bien appréciés dans leur quartier.

en effet, faire appel au zèle et à l'initiative de tous sans exception et leur rappeler que les devoirs de la fraternité ne consistent pas seulement à donner une part de son argent, mais que pour les remplir sérieusement il faut encore donner une part de son temps, de son intelligence, de son cœur.

En réchauffant le zèle des tièdes, en encourageant les timides, en régularisant et fécondant l'initiative privée, sans laquelle on ne peut rien, ils nous éviteront de tomber dans la plaie du fonctionnarisme, que les Français sont trop enclins à introduire partout, et qui, appliqué par les Anglais à l'assistance publique, a produit les plus fâcheux effets, en tendant à faire considérer l'homme comme un rouage, un numéro, sans tenir compte de ses plus nobles facultés.

Enfin nous croyons, que se retrempant périodiquement dans l'élection, toujours excités par l'émulation à faire mieux les uns que les autres, les conseils de famille constitueront une organisation qui tendra sans cesse à s'améliorer (1).

(1) Cette organisation aura pour but principal d'encourager

Ce serait certes un grand pas de fait pour arriver à la solution de la question du paupérisme que d'être parvenu à donner à chaque pauvre un ami chargé de le guider, de défendre ses intérêts et de lui transmettre les secours de la charité.

Mais l'organisation que nous proposons aurait encore, suivant nous, un autre avantage. Elle permettrait de restreindre et de moraliser la mendicité. Il y a longtemps déjà qu'on a reconnu combien il était fâcheux pour la société qu'un paresseux, un ivrogne, un vagabond pût se procurer, en tendant la main, des ressources qui lui permettaient de persévérer dans le vice, et qui parfois, dépassant celles qu'il eût pu obtenir par un travail honnête, l'encourageaient

l'initiave privée, elle ne devra donc jamais chercher à faire disparaître les sociétés déjà fondées. Elle leur fournira, au contraire, par ses registres, par ses visiteurs un moyen de mieux connaître les besoins du malheureux et de surveiller l'emploi des fonds qu'elles voudraient consacrer à leur procurer un sort un peu plus doux.

D'ailleurs, tous les membres des diverses sociétés charitables. sans exception, devraient être appelés à remplir les fonctions de visiteur, et rien ne les empêcherait, après avoir distribué à leurs visités les secours attribués par le conseil de famille, d'y ajouter un petit appoint au nom de leurs sociétés et sur leurs fonds particuliers.

à se livrer exclusivement à l'industrie, si dangereuse et si démoralisatrice, de la mendicité.

De l'impossibilité d'empêcher la mendicité en la punissant.

Aussi presque partout le législateur a-t-il cherché à s'opposer à ce mal en édictant des pénalités contre les mendiants ; mais nulle part il n'a pu obtenir un résultat complet.

Le public se faisait le complice du mendiant et, craignant une erreur, refusait de fournir à la police l'aide et le témoignage sans lesquels celle-ci ne peut rien.

Dailleurs le mendiant savait trouver mille moyens d'échapper à la loi, il pénétrait jusque dans votre demeure pour vous conter son histoire, d'autant plus touchante qu'elle était plus fausse ; on n'avait ni le temps ni les moyens d'en vérifier l'exactitude et, comme il n'était pas impossible qu'elle fût vraie, on prélevait sur la portion de son revenu affecté à la charité une aumône qui, le plus souvent, ne servait qu'à encourager le mensonge et l'hypocrisie.

Du vrai moyen de faire disparaître la mendicité ou du moins de la moraliser.

Puisqu'on ne peut faire disparaître la mendicité en la punissant, et que cependant tous reconnaissent que c'est un véritable fléau pour l'humanité, il importe de rechercher si on ne pourrait pas la restreindre en la moralisant.

Or, nous croyons que pour y parvenir, il suffirait de fournir à la charité un objet, à l'aide duquel l'indigent pourrait toujours donner satisfaction à ses besoins réels et légitimes, sans pouvoir jamais l'utiliser pour vivre dans la paresse et le désordre, ou pour se procurer le superflu; qui enfin fût tel, qu'alors même qu'il viendrait à tomber dans des mains indignes, il n'en servît pas moins à secourir de véritables misères.

Supposez qu'une société de bienfaisance émette des bons de charité dont elle ne rembourse la valeur qu'après s'être assuré de l'indigence du porteur et de la légitimité de l'emploi qu'il en doit faire et qui, bénéficiant de la valeur des bons dont les porteurs ne remplissent pas ces conditions, en affecte le montant à soulager des misères véritables, et le problème sera résolu, si toutefois l'emploi des bons est bien contrôlé.

Or ce contrôle, nous avons vu qu'il est facile

à la garde nationale de l'exercer, si elle le
veut.

Ainsi, un pauvre demande, on n'a pas le
temps de vérifier ses allégations, on lui donne
un ou plusieurs bons.

Alors trois cas pourront se présenter :

Ou le porteur des bons est domicilié et a un
visiteur ;

Ou il est domicilié et n'a pas encore de visiteur ;

Ou il est étranger.

Si le porteur des bons est domicilié et a un
visiteur, celui-ci contrôlera ses besoins et, avec
l'assentiment du conseil de famille, autorisera
ou refusera le paiement des bons. (Le plus souvent les bons devront être payés en nature et
non en argent.)

Si le porteur des bons n'a pas encore de visiteur, et que sa situation ne lui permette pas
d'attendre qu'il lui en ait été désigné un par
le conseil de famille, il demandera à un garde
national de sa connaissance, de le présenter
à un visiteur de la compagnie à laquelle ils ap-
partiendront tous trois, et d'attester la réalité des

besoins et leur urgence. Celui-ci échangera alors les bons de charité dans la mesure de ce qu'il jugera indispensable pour le moment, sauf à faire régulariser ultérieurement la situation par le conseil de famille, ce qui ne sera naturellement jamais refusé. Dans ce cas, le pauvre pourra bien encore tromper le visiteur, mais comme il devra le choisir parmi ses plus proches voisins, qu'il n'obtiendra rien sans l'attestation d'un garde national, les fraudes seront trop rares et de trop peu d'importance pour qu'on doive s'en préoccuper.

Si le pauvre est étranger, il s'adressera à un bureau spécialement désigné à cet effet (un établissement de fourneau économique par exemple); là, après avoir examiné sa situation, on l'autorisera, s'il y a lieu, à échanger ses bons contre certains aliments à consommer sur place et un billet de logement. Au besoin on pourra lui donner quelque chose de plus, de façon à assurer toujours le strict nécessaire, sans encourager jamais la paresse et l'imprévoyance (1).

(1) La société des fourneaux économiques, si habilement diri-

Par les mesures simples et facilement réalisables, que nous venons d'indiquer, on obvierait à presque tous les inconvénients que présente la mendicité.

Ainsi le mendiant n'aurait plus d'intérêt à tromper s'il ne pouvait jamais bénéficier de son mensonge avant qu'on ait pu vérifier ses allégations.

Il ne pourrait vendre ses bons, puisqu'ils ne seraient payables qu'à de véritables nécessiteux, et que ceux-ci pourraient toujours s'en procurer en recourant eux-mêmes à la bienfaisance publique.

On ne verrait plus le produit de l'aumône servir à l'alimentation de l'ivrognerie ou de la débauche, ou même recevoir une destination

gée dès le principe par l'un des philanthropes les plus distingués de notre ville, est déjà entrée dans cette voie en créant des bons d'aliments de 5, 10 et 15 centimes ; c'est là un progrès réel, sérieux et trop peu connu.

Mais avec ces bons on ne peut se procurer des médicaments, des vêtements , un logement etc. La société d'ailleurs n'en surveille pas l'emploi, le mendiant peut les vendre à ses parents ou voisins. Ce sont là des inconvénients grave sque ne présenteraient pas les bons que nous proposons de créer ; ceux-ci seraient remboursables en argent, le pauvre pourrait donc les faire servir à tout ce qui est indispensable à la vie, mais ne pourrait en employer un seul sans un contrôle sérieux.

abusive, puisque l'emploi des bons serait sévèrement contrôlé.

On a raconté souvent, qu'à Paris, certains aveugles, qui imploraient la charité publique sur des points où la circulation était très-active, parvenaient à recueillir en moyenne jusqu'à 15 et 20 fr. par jour.

De semblables abus ne pourraient plus se produire, car on ne paierait les bons qu'en proportion des besoins du jour ou de la semaine, et comme on inscrirait sur le carnet de l'assisté toutes les sommes qui lui seraient remises, il serait toujours très-facile de s'assurer qu'il ne reçoit pas le superflu.

On ne verrait plus de vagabonds voyager, sans motif et sans but, aux dépens de la charité publique, puisqu'il ne serait plus possible de vivre de l'aumône sans justifier de sa situation, et que la loi punit le vagabondage.

Le pauvre ne pourrait plus vivre dans la paresse, s'il ne recevait plus rien sans avoir justifié de ses efforts pour se procurer par le travail des moyens d'existence honorables.

Le travail est toujours moralisateur.

Si peu, d'ailleurs, que le pauvre gagnât par lui-même ce serait encore un allégement pour la charité, qui économisant en outre, tout ce que lui enlèvent actuellement ceux qui mendient par paresse, spéculation ou amour du vagabondage ; pourrait consacrer des ressources plus abondantes au soulagement des misères réelles; d'autre part on donnerait plus facilement dans la rue si l'on était à peu près certain que ce qu'on donne n'est pas mal employé.

Les dons devenant plus abondants et les demandeurs moins nombreux, les malheureux recueilleraient plus rapidement ce qui est indispensable à leurs besoins; ils auraient donc plus de temps pour travailler ou chercher du travail.

A peu près certains de trouver immédiatement les secours nécessaires, ils n'auraient plus d'intérêt à amasser davance une quantité de bons supérieure à celle qu'on leur permettrait d'utiliser chaque semaine.

Les malheureux ne laisseraient plus leurs fils abandonner les écoles, s'ils savaient qu'en ce cas ils n'obtiendraient plus aucuns secours.

Enfin, si on ne donnait jamais rien qui pût être utilisé sans contrôle, on n'entendrait plus parler de cette honteuse industrie, qui consiste à exploiter les enfants en les envoyant mendier et à leur donner une apparence maladive afin d'exciter davantage la pitié.

Ainsi l'aumône cesserait, dans la mesure du possible, d'être jamais un encouragement à la paresse, à l'ivrognerie, au mensonge, au vagabondage et enfin à ces honteuses et barbares spéculations dont les enfants sont trop souvent l'objet.

Il y aurait bien certainement encore des abus : le mal est inhérent à tout ce qui touche à l'humanité. Quelques conseils de famille comprendraient peu ou mal leurs devoirs et se laisseraient facilement tromper ; mais ce serait là une minime exception; peu à peu l'usage ferait disparaître les abus et diminuerait le nombre des erreurs.

Tous les conseils de famille seraient forcément en relation avec le comité central, nonseulement pour le paiement des bons de charité, mais encore pour obtenir une part plus

large des ressources générales. Le comité central se trouverait donc naturellement entraîné
à nommer des inspecteurs chargés de contrôler
et de régulariser le service des bons dans les
diverses compagnies, afin que les unes ne don-
nassent pas trop tandis que d'autres ne donne-
raient pas assez.

Chargés, à tour de rôle, de visiter les diverses compagnies, ces inspecteurs feraient connaître à toutes les améliorations, dont ils auraient pu remarquer la réalisation dans quel-
ques-unes. Ils les mettraient en communication
entre elles, afin que les compagnies riches
puissent venir en aide aux compagnies moins
favorisées, en leur fournissant des fonds et l'assistance de visiteurs.

Enfin ils augmenteraient encore l'autorité
des décisions des conseils de famille; et les
mettraient à l'abri de sollicitations qui devien-
nent pénibles lorsqu'elles sont faites par des

gens qu'on est appelé à voir tous les jours.

En effet ces conseils pouraient toujours alors répondre aux solliciteurs : « Nous ne faisons qu'exécuter des décisions prises par le comité central et nous n'y pouvons rien changer.

Le service des bons de charité serait peu coûteux.

De l'organisation du service des bons.

La valeur des bons devrait être à la portée de toutes les bourses et de tous les besoins (5, 10, 50 cent. et 1 fr. par exemple.)

Ils pourraient consister, comme les timbres-poste, en de petites vignettes faciles à porter avec soi.

On devrait y inscrire, d'un côté leur valeur en gros caractères, de l'autre une mention indiquant :

1° Où ils sont payables ;

2° Les conditions à remplir pour en obtenir le paiement ;

3° Le délai dans lequel on devrait les présenter.

Cette dernière mesure permettrait à la société de se rendre périodiquement compte du nombre de bons perdus ou tombés dans des mains indignes et d'en verser la valeur dans la caisse de l'œuvre si intéressante, des secours à domicile.

Elle aurait aussi l'avantage d'empêcher certains pauvres de faire des provisions de bons en disproportion avec leurs besoins. Enfin elle permettrait de ne pas se préoccuper du retrait des bons impayés, opération qui pourrait présenter certaines difficultés.

Rien n'empêcherait de décider que les bons périmés, mais présentés dans la quinzaine qui suivrait le délai de leur péremption, seraient échangés contre de nouveaux bons.

Divers bureaux, convenablement répartis dans la ville, seraient chargés de vendre des bons de charité au public. On obtiendrait le remboursement de ces bons en les présentant accompagnés d'une pièce établissant que leur valeur sera bien employée. (Souvent cette pièce, bordereau du conseil de famille, ou du fourneau économique, constaterait qu'il s'agit de rembourser une avance régulièrement faite à un malheureux.)

Ce service devrait être surveillé avec soin,

afin d'empêcher qu'un agent infidèle ne rachetât, à prix réduits, des bons recueillis par des mendiants pour les remettre en circulation et profiter ainsi de la différence entre le prix d'achat et le prix de vente au public, tandis que le mendiant trouverait dans cette opération, la possibilité de toucher le prix qu'il retirerait de la vente des bons, sans que personne connut l'emploi ni l'importance de ce gain illicite.

Mais si des fraudes de ce genre se produisaient, ce qui serait certainement rare, parce qu'il faudrait pour cela qu'un employé s'entendît avec un mendiant et trompât la surveillance qu'on exercerait sur lui, ce ne serait que des faits exceptionnels, ressortissant du tribunal correctionnel, et qui n'atténuerait pas sensiblement les avantages que nous avons signalés.

Certes nous n'avons pas la prétention d'avoir énuméré tous les détails utiles pour arriver à une organisation parfaite de l'assistance publique.

Mais nous croyons qu'il suffirait, pour avoir fondé en germe toutes les améliorations possibles, de donner à chaque malheureux un visiteur aisé, chargé de lui transmettre les secours de la bienfaisance, et n'ayant jamais à s'occuper à la fois de plus de deux ou trois familles pauvres.

De cette situation, qui forcerait tous ceux, qui sont dans l'aisance, à s'intéresser au sort des malheureux et les pousserait, par amour-propre même (1), à chercher les moyens de les faire sortir de la position dans laquelle ils végètent, naîtrait, sans doute, une union féconde de tous dans le désir de faire le bien.

Mis en contact avec la misère, on se rendrait mieux compte du mal que fait la mendicité et on créerait certainement pour la faire disparaî-

(1) Nous croyons qu'on peut faire tourner au profit de l'humanité, les passions même les plus mauvaises. Toutes ne sont, en effet, que l'exagération ou la perversion des qualités nécessaires au progrès général. Il suffit donc de leur donner un but utile ; et cela est toujours possible. Mais les hommes sont ainsi faits que, dans l'organisation de la société, comme dans celle de l'industrie, ce sont toujours les combinaisons les plus simples qui sont appliquées les dernières.

tre, ou du moins pour la moraliser, des insti-
tutions analogues à celle que nous avons dé-
crite en parlant des bons de charité.

En présence de la réalité, le rêveur s'aper-
cevrait promptement que le droit au travail, tel
qu'on l'a entendu, n'est qu'une aberration ;
mais aussi l'égoïste reconnaîtrait vite qu'il
est dangereux de laisser le malheureux en
proie aux atteintes du désespoir, et tous comprendraient que la société a le devoir de chercher à fournir à tous un travail constant et moralisateur et, par là, à utiliser, pour son progrès matériel et moral, toutes les forces vives
dont elle peut disposer.

On verrait alors, sans doute, se constituer de
de grands établissements qui auraient pour but
de fournir du travail à ceux qui n'en ont pas,
et un apprentissage à ceux qui ont perdu les
moyens de continuer à gagner leur vie dans
l'exercice de leur ancienne profession (1).

(1) Nous connaissons à Lyon, un aveugle, marchand de journaux; nous avons vu un manchot, facteur. Enfin des malheureux
privés d'un bras ou d'une jambe, sont commis de magasin ou
employés de bureau, etc.

Il y a donc des professions pour presque tous ceux qu'on con-

Enfin de ce contact de tous les membres de la société dans l'accomplissement des devoirs de la charité, de cette affection que le visiteur conduit à concevoir pour le visité naîtrait forcément aussi un apaisement des passions violentes et une entente plus large et plus généreuse des lois de solidarité qui régissent l'humanité.

Pour nous, nous nous croirions largement remunérés des soins que nous a coûtés cette étude si les considérations que nous avons exposées pouvaient décider les conseils de famille de quelques compagnies à entrer dans cette voie. Les succès qu'ils y obtiendraient indubitablement décideraient sans doute les autres à les imiter ; et notre ville pourrait s'enorgueillir d'a-

sidère comme invalides, les visiteurs de ceux d'entre eux, qui s'adresseraient à la charité, s'ingénieraient à trouver les professions qu'ils pourraient exercer ; la maison d'apprentissage les mettrait à même de les bien remplir.

voir fait faire un pas immense à une question
qui restera malheureusement encore longtemps
à l'ordre du jour.

Lyon, le 15 janvier 1871.